AMPHITRION,

OPÉRA

EN TROIS ACTES,

Représenté devant Leurs Majestés, à Versailles, le 15 Mars 1786.

ET POUR LA PREMIERE FOIS, A PARIS,

SUR LE THEATRE

DE L'ACADÉMIE-ROYALE DE MUSIQUE,

Le Mardi 15 Juillet 1788.

PRIX XXX SOLS.

A PARIS,

De l'Imprimerie de P. DE LORMEL, Imprimeur de ladite Académie, rue du Foin Saint-Jacques, à l'Image de Sainte Géneviève.

On trouvera des Exemplaires à la Salle de l'Opéra.

M. DCC. LXXXVIII.

AVEC APPROBATION, ET PRIVILEGE DU ROI.

Les Paroles font de M. SEDAINE.

La Mufique de M. GRETRY.

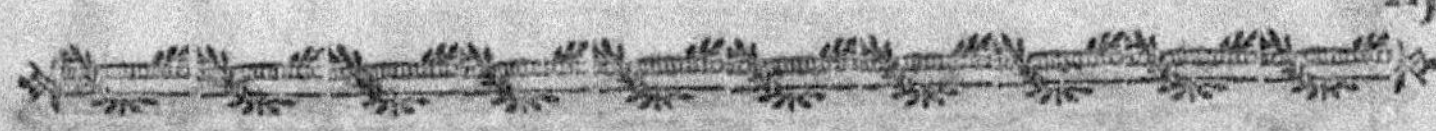

ACTEURS ET ACTRICES
CHANTANS DANS LES CHŒURS.

CÔTÉ DU ROI.		CÔTÉ DE LA REINE.	
Mesdemoiselles.	*Messieurs.*	*Mesdemoiselles.*	*Messieurs.*
Courneuve.	Péré.	Thaunat.	Larlat.
Manthe.	Martin.	Emil. Gavaudan.	Rey.
Dubuisson.	Legrand.	St Amant.	Cauchois.
Garrus.	Poussez.	D'Hautrive	Huby.
Rouxelin.	Touvoys.	Davide.	Peausellier.
Sanctus.	Duplessier.	Tauner.	Tacusset.
Leclerc.	Chapelot.	Breffort.	Delori.
Delaigle.	Delboy.	Macker.	Fagnan.
Gouémelle.	Cavallier.	Beaumont.	Bouvard.
Amiot.	Jouve.	Frenneville.	Joinville.
Marinville.	Moulin.	Clozet.	Le Roux, l.
Ballassé.	Duchamp.	Méziere, c.	Guitard.
	Débeirk.		Rouen.
			Fleurville.
			Chêvrier.

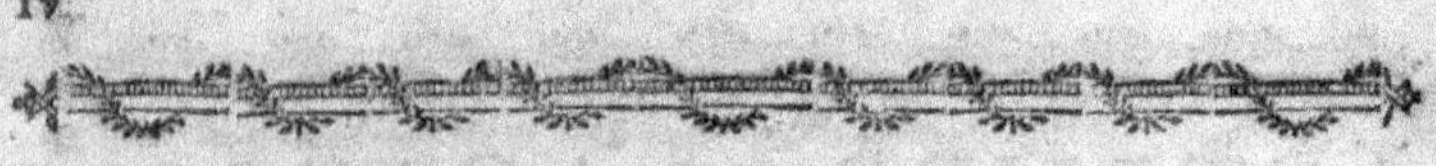

ACTEURS.

JUPITER,	M. Chardini.
AMPHITRION,	M. Cheron.
SOSIE,	M. Laïs.
MERCURE,	M. Rousseau.
ALCMÈNE,	Mlle Lillete.
BROMIA,	Mlle Gavaudan, c.
LA NUIT,	Mlle Joinville.
LE GRAND-PRÊTRE,	M. Moreau.
LE HÉRAULT ET LE DÉPUTÉ, CHEF DU PEUPLE,	M. Le Roux, c.

CHEFS DES TROUPES D'AMPHITRION, GUERRIERS, PEUPLES, PRÊTRES, CAPTIFS.

PERSONNAGES DANSANTS.

ACTE PREMIER.

ESCLAVES.

M. GARDEL.

M. NIVELON, Mme PÉRIGNON.

M^rs. Poinon, Abraham, Deschamps, Cantagrelle,
Auguste, Richard, Henry, Flin.

Mlles. Courtois, Grenier, Camille, Langlois,
Bourgouin, Gabrielle, c., Trillau, Chenneval.

PERSONNAGES GALANS

de la Suite d'ALCMÈNE.

M^rs. LE BŒUF, LABORIE.
Mlles TROCHE, SIMON, c.

M^rs. Delahaye, Clerget, Guillet, c. Bozon.

Mlles. Jacotot, Denise, Dorival, Beaujon.

ACTE SECOND.

PEUPLES.

M. LABORIE, Mlle. TROCHE.

M^r. Blanche, Béguin, Guillet, l. Ducel, Boyer,
Marcellin.

Mlles. Dorival, la Croix, Langlois, c., Gabrielle, c.
Bourgouin, Chenneval,

ACTE TROISIEME.

ZÉPHIR ET SA SUITE.

M. VESTRIS.

Mrs. Delahaye, Clerget, Guillet, c., Flin.

FLORE ET SA SUITE.

Mlle ELISBERG.

Mlles. Jacotot, Denise, Dorival, Bourgouin.

HEBÉ, Mlle MILLER.

MOMUS, M. LAURENT.

Sa Suite, Mrs Largiere, Bozon, Boyer, Gambu.

PLAISIRS.

Mlle ROZE.

Mrs. Lebel, Millon, Dupin, Deschamps,
l'Huillier, Hus.

Mlles. Bigotini, Prud'homme, Camille, Efther,
Gabtielle, l. Drama.

AMOURS.

Mrs. Deshayes, c., Petit, l'Enfant.

Mlles. Beguin, c., Chameroy, Augustine.

AMPHITRION,

AMPHITRION,
OPÉRA.

ACTE PREMIER.

Le Théatre représente, sur un des côtés, la façade extérieure du Palais d'Amphitrion. On remarque un Balcon, & un Perron par lequel on peut descendre sur le Théatre. Le reste du Théatre & l'autre aîle sont occupés par de grands arbres, au-delà desquels on apperçoit dans les intervalles quelques édifices d'architecture grecque.

SCENE PREMIERE.

MERCURE, *sur le balcon*, LA NUIT, *sur son char.*

MERCURE.

O Nuit! charmante Nuit!

A

LA NUIT.

Qui m'appelle ?

MERCURE.

Mercure.

LA NUIT.

Qui, dans ces lieux, eût reconnu Mercure
Ainsi vêtu, tranquille, & sans activité ?
Puis-je savoir quel motif me procure
L'honneur de sa civilité ?

MERCURE.

Que votre char se repose;
Suspendez la rapidité
De la course qu'il vous impose,
De Jupiter telle est la volonté.

LA NUIT.

L'ordre donné par vous m'en explique la cause.

MERCURE.

Lorsque le Souverain des Dieux,
De ses plaisirs fait un mystère,
Pour nous autres quel est le mieux?
C'est d'obéir, & de nous taire.

LA NUIT.

Pardonnez à mon sexe, il est né curieux.

MERCURE.

Je pardonne au beau sexe, il est né curieux.

SCENE II.

MERCURE.

QUE mon père est heureux, & moi bien misé-
rable !
Près d'Alcmène il jouit des plaisirs les plus doux,
  Et moi, le sort impitoyable
Me condamne aux propos, aux clameurs, au cour-
roux
    D'une femme pire qu'un diable.
      Je crois l'entendre : non, non...
      Du valet d'Amphitrion
Elle est la femme, ou plutôt l'infortune.
Toute la nuit sa tendresse importune
    M'a fait déserter sa maison.

SCENE III.

MERCURE, BROMIA.

MERCURE.

JE ne me trompe pas ;

BROMIA.

Où donc est il ? Sosie !

Ah ! te voilà donc, traître ! Hé bien, ta perfidie
Est-elle assez certaine ? Aimer mieux, aimer mieux
Passer la nuit entière dans ces lieux,
Que de venir entretenir ta femme.
Cette conduite est-elle assez infâme ?
Cela peut-il se supporter ?

M E R C U R E.

Mon amour ! mon cœur ! ma chère ame !
La nuit est belle, il faut en profiter.

B R O M I A.

En profiter ! Après six mois d'absence,
En profiter ainsi ! c'est donc la récompense
De mon amour, de ma vertu ?

M E R C U R E.

De ta vertu, de ta vertu ?

B R O M I A.

Oui, oui, traître, de ma vertu.

M E R C U R E.

Ma femme, un peu de patience,
Moins de vertu, plus de silence.

B R O M I A.

Ah ! perfide ! méritois-tu
D'épouser une femme honnête ?

MERCURE.

Et qui me vient rompre la tête
De sa vertu.

BROMIA.

De ma vertu !...

MERCURE.

Ma femme, un peu de patience,
Moins de vertu, plus de silence.

BROMIA.

Moins de vertu ! Tu souffrirois
Que je fîsse quelqu'amourette.

MERCURE.

Sans doute.

BROMIA.

Et tu consentirois
A quelqu'intrigue secrette
Qu'en ton absence je ferois ?

MERCURE.

Certainement.

BROMIA.

Sans regret tu verrois
Qu'ingrate, infidelle & parjure,
A l'Hymen je ferois injure ?

MERCURE.

Oui, ma femme, & sans nul regret.

BROMIA.

Infâme ! il ne te manqueroit
Que d'en être le Mercure.

MERCURE, à part.

Chez les mortels, il me paroît
Que je suis en belle posture.

BROMIA.

Infâme ! il ne te manqueroit
Que d'en être le Mercure.

MERCURE.

Mais j'apperçois Sosie. Il faut qu'en ce moment
De Bromia je me délivre.
Va, mon cher cœur, je vais te suivre.

BROMIA.

Tu vas me suivre ?

MERCURE.

Oui.

BROMIA.

     Vraiment ?

Ah ! tu ne m'aimes plus !

MERCURE.

     Mais suivant ton mérite ;
Ainsi que je t'aimai toujours.

BROMIA.

Ah ! je ne suis plus tes amours !

MERCURE.

Tu le verras par ma conduite ;
Mais vas t'en, sur-tout vas t'en vîte.
Vas t'en donc.

BROMIA.

Mais tu vas me suivre.

MERCURE.

Vas t'en vîte, je vais te suivre.

BROMIA.

Mon Sosie est tout pour mon cœur.

MERCURE.

Vas t'en donc pour notre bonheur.

BROMIA.

C'est pour toi seul que je veux vivre.

MERCURE.

Hé ! vas t'en, pour notre bonheur :
Hé ! vas t'en donc, mon tendre cœur.

BROMIA.

Oui, mon cher cœur, &c.

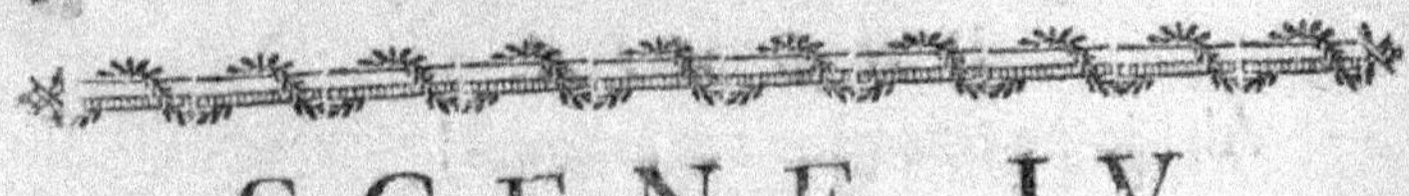

SCENE IV.

MERCURE.

Je renoncerois aux Autels
Si, de même que les Mortels,
Il falloit écouter de tels propos de femme ;
Il étoit temps, voici le mari de la Dame.

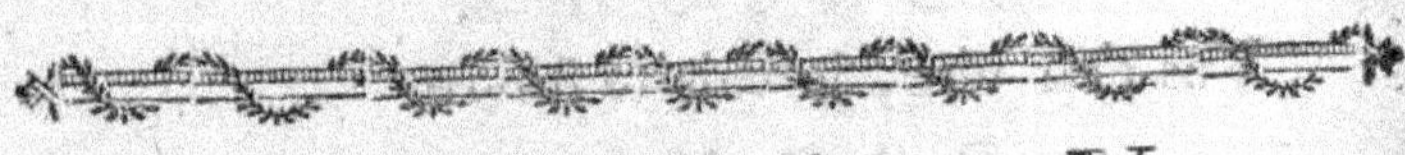

SCENE V.

MERCURE, SOSIE.

SOSIE.

Enfin voilà notre maison,
Sans nulle rencontre fâcheuse :
Ah ! que je vais rendre heureuse
La femme d'Amphitrion.

MERCURE.

Nous verrons.

SOSIE.

Arrêtons, j'ai peur encor.

MERCURE.

Poltron !

SOSIE.

SOSIE.

Ah ! je crois entendre mon nom.
Si près de la maison je reprends de l'audace.
Mais cette nuit paroît sans fin,
Les étoiles toujours sont à la même place ;
Oui, la Nuit s'est sans doute arrêtée en chemin,
Ou Thétis & Phébus sont endormis ensemble,
Pour s'être imprudemment régalé de bon vin.

MERCURE.

Comme parle ce coquin ;
Il croit qu'un Dieu lui ressemble :
Tu sentiras si ma main
Sait punir d'un maraud le propos libertin.

SOSIE.

Mais avant que d'entrer, il est bien que je pense
A ce que je dirai sur ce fait d'importance ;
Il ne faut pas embrouiller tout ceci.
On va me demander comment tout se gouverne,
Il faudra bien répondre, & je réponds ainsi :
Posons-là d'abord ma lanterne,
Et réfléchissons sur ceci ;
Croyons que je la vois. Alcmène, oui, la voici,
J'arrive, je m'avance ; alors elle s'écrie :
» Ah ! c'est Sosie ! ah ! c'est Sosie !

B

Oui, Madame, c'est moi « Ciel ! que fait mon mari?
         » Ah ! dis-moi vîte, mon ami,
     » Ce qu'il fait. Ce qu'il fait ? ah ! Madame victoire !
La victoire est à nous. » Hé ! n'est-il pas blessé ?
         Non, Madame. » Ah ! puis-je te croire ?
Sans doute. » Ah ! dis - moi donc tout ce qui s'est
                    passé,
» En abrégé, sans rien oublier de sa gloire ?
         Abréger & n'oublier rien,
         Cela me paroît difficile.

MERCURE.

Il a raison.

SOSIE.

              N'importe, je veux bien
         Sur ce point vous rendre tranquille.
» Dis-donc vîte. Attendez, cela n'est pas facile;
Attendez qu'un instant je rappelle à part moi
Ce qui s'est fait: ah! oui. D'abord de bonne-foi,
    Amphitrion, le Général de Thèbes
Et le Roi Ptérélas, Général de Thélèbes,
    Sortent des rangs, & conviennent entre eux
         Quel sera le sort malheureux
         De ceux qui perdront l'avantage.
Ils ont dit: Les vaincus, dans ce combat fameux,

Des vainqueurs seront le partage ;
Eux, leurs enfans, leurs femmes & leurs Dieux
Passeront tous en esclavage.
« Leurs femmes, me dis-tu ? Oui, Madame. Ah !
grands Dieux !

MERCURE.

Je peux, sur ce qu'il dit, porter bon témoignage ;
Mon père & moi nous vîmes le combat.

SOSIE.

Madame, après ce résultat,
On entend retentir les sons de la trompette ;
Aux cris que notre soldat jette,
L'ennemi répond par ses cris :
Nous avançons, & le combat s'engage,
Les traits & la poussière obscurcissent les airs,
La mort, le désespoir, la fureur & la rage
Se montrent en tous lieux sous mille aspects divers.
Enfin, malgré tout leur courage,
Nous faisons d'eux un terrible carnage.
Par-tout on n'entend que ces cris :
Ah ! je me meurs ! ah ! je péris !
» Et mon mari ? C'est-là qu'Amphitrion s'élance.
» Hé bien, Amphitrion, dis-moi donc vîte, hélas !
Attendez donc, ne m'interrompez pas.
C'est-là qu'Amphitrion, Madame, de sa lance ;

A percé le Roi Ptérélas ,

Et je l'ai vu tomber. Dirai-je

Que je l'ai vu tomber ? oui, certe, & que crain-

drai-je ?

Oui, je l'ai vu tomber, Madame, & son trépas

Porte l'effroi dans son Armée.

Alors notre Cavalerie

S'avance en appuyant ses rangs ;

Non, non, c'étoit l'Infanterie ;

Oui, oui, c'est la Cavalerie.

Elle s'avance en appuyant ses rangs.

Toute leur Infanterie

Prend vingt chemins différens.

L'escadron vole & se rue

Sur les ennemis épars ,

Ce n'est plus qu'une cohue

De mourans & de fuyards.

Car aussi-tôt que l'Armée

De son chef sçait le trépas....

MERCURE.

Ah ! Sofie ! ah ! je suis charmée

De la mort de ce Ptérélas.

SOSIE.

Par Jupiter ! j'ai cru l'entendre ;

J'aurois juré, ... mais entrons sans attendre

Plus long-temps.

MERCURE.

Qui va là.

SOSIE.

Moi.

MERCURE.

Toi. Qui toi?

SOSIE.

Moi, moi,
Sosie.

MERCURE.

Hé mais, c'est moi.

SOSIE.

Toi Sosie?

MERCURE.

Oui, c'est moi.

SOSIE.

Non, non, ce n'est pas toi.

MERCURE.

C'est moi qui suis Sosie,
Valet d'Amphitrion.

SOSIE.

Valet d'Amphitrion!

MERCURE.

Valet d'Amphitrion.

SOSIE.

Valet d'Amphitrion.

Non, c'est moi qui le fuis, c'est moi qui suis Sofie.

MERCURE.

Sais-tu que fi tu prends ce nom,
Que fi de l'ufurper il te prend fantaifie.....

SOSIE.

Mais je ne peux pas être un autre que Sofie.

MERCURE.

Non, non, c'est moi qui fuis Sofie.
Fils de Dave ; où vas-tu ?

SOSIE.

Mais dans notre maifon.

MERCURE.

Dans ta maifon, fripon ! s'il te prend quelqu'envie
D'approcher de cette maifon,
Je te ferai mourir fous le bâton.

SOSIE.

Ah ! fi j'ofois ! Mais il n'a pas l'air tendre :
Ah ! que n'ai-je pour me défendre
Autant de cœur que de raifon.

MERCURE.

Que dis-tu ?

SOSIE.

Rien.

MERCURE.

Enfin c'est moi qui suis Sosie,
Valet d'Amphitrion.

SOSIE.

Valet d'Amphitrion ?

MERCURE.

C'est moi qu'il vient d'envoyer vers Alcmène,
Lui dire du combat la nouvelle certaine,
Enfin ce qui s'est fait de l'un à l'autre bout.

SOSIE.

Tout.

MERCURE.

Tout.

SOSIE.

Tout.

MERCURE.

Tout.

SOSIE.

Tout ! tu fais tout, dis-tu ? je m'en vais te confondre
Voyons si tu peux me répondre.
Quelle fut la part du butin
Qu'Amphitrion reçut ?

MERCURE.

Un ouvrage divin,
Où Bacchus est gravé près de Vénus assise;
La coupe d'or du Roi qu'il tua de sa main.

S O S I E.

Il ne ment pas d'un mot : hé mais où l'a-t-on mis ?..
Nous allons voir.

M E R C U R E.

Où mise ? hé mais dans un coffret
Scellé du cachet de mon maître.

S O S I E.

O ciel ! comment peut-il connoître ?...
Hé quel est le cachet qui ferme ce coffret ?

M E R C U R E.

Le Soleil dans son char désigne ce cachet.

S O S I E.

Je n'aurois pas mieux dit ; le traître !
Mais puisque tu sais tout, ce que tu sais le mieux
Est ce qu'a fait Sosie.

M E R C U R E.

Ah ! sans doute.

S O S I E.

En ces lieux,
Pendant qu'on se battoit au milieu de la plaine,
Que faisois-je ?

M E R C U R E.
Moi?

S O S I E.
Moi.

MERCURE.

MERCURE.

D'un vin de Tenedos ,
J'avalai bravement chopine d'une haleine.

SOSIE.

D'une haleine ! il l'a dit.

MERCURE.

Finissons ce propos ;
Je suis Sosie enfin.

SOSIE, *à part.*

Mais c'est moi.

MERCURE.

Non, c'est moi.

SOSIE.

Je ne dors pas ; plus je le considère ,
Plus je suis étonné de l'homme que je voi ;
Bien fait, de bonne mine, en tout semblable à moi.

MERCURE.

Son embarras me plaît.

SOSIE, *à part.*

Mais l'affaire est bien claire ,
Et ce n'est point une chimère ;
Je suis venu du port cette nuit ; me voilà ,
Oui, me voilà.
Mais entrons sans tarder pour éclaircir cela.

C

MERCURE.

Où vas-tu, scélérat?

SOSIE.

Hé mais, je m'envais là.

MERCURE.

Ah ! tu veux de la baſtonnade.

MERCURE.

A l'aide ! ô mes amis ! ô mes concitoyens !
A mon ſecours, Thébains, Thébains !

MERCURE.

Ah ! tu veux de la baſtonnade.
Le plus court eſt de t'en aller.

SOSIE.

O Jupiter ! j'ai fait une belle ambaſſade !
Ciel ! que dire à mon maître, & comment lui parler ?

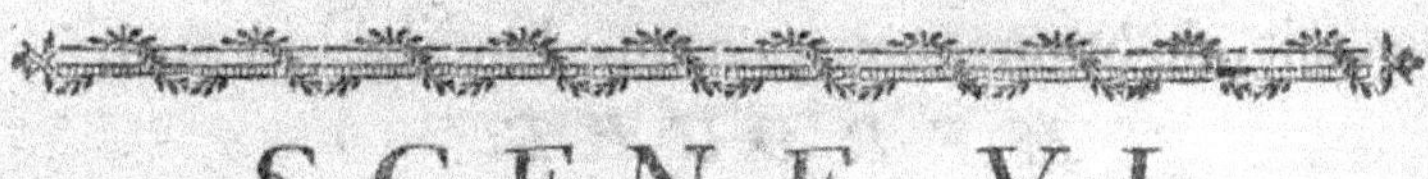

SCENE VI,

MERCURE.

JE crains que Bromia ne vienne.
J'aurois, ſans ce ſoupçon, fait cauſer ce valet ;
Il m'amuſoit par ſon caquet :
Mais voici Jupiter accompagné d'Alcmène.

SCENE VII.

JUPITER, ALCMENE, MERCURE, BROMIA.

BROMIA, à Mercure.

VOILA donc comme tu me suis :
Ah ! je me vengerai, traître, de tes mépris.

QUATUOR.

ALCMENE.

Quoi ! vous me quittez si vite ?
Adieu donc tout mon bonheur.

JUPITER.

Ma chere Alcmène, oui, je vous
    quitte,
Mais je vous laisse mon cœur.

ALCMENE.

La nuit a passé si vîte.

JUPITER.

Le bonheur la précipite.

ALCMENE.

Adieu donc tout mon bonheur.

JUPITER.

Ah ! mon Alcmene ! ah ! de grace
    Ne retardez pas
      Mes pas.

ALCMENE.

Mon cœur va voler sur ta trace.

BROMIA.

Ingrat ! ingrat, vois leur bonheur.

MERCURE.

Oui , Bromia, c'est d'un grand
    cœur
Que je marche & suis sa trace.

BROMIA.

Perfide ! que la disgrace
Accompagne tous tes pas.

MERCURE.

Bromia, c'est une grace
Que d'accompagner ses pas ,
Et de fuir ce qu'on n'aime pas.

BROMIA.

Perfide ! que la disgrace
Accompagne tous tes pas,

SCENE VIII.

JUPITER, ALCMENE, MERCURE, BROMIA,

DES CAPTIFS.

MERCURE.

Amphitrion, je vous amène
Les Captifs que vous avez faits.

JUPITER.

Mercure pense à tout. (*à Alcmène.*) Brisez,
Brisez leur chaîne,
Et renvoyez ces prisoniers en paix.

MERCURE.

C'est pour lui présenter la coupe,
La coupe du Roi Ptérélas,
Que cette Troupe
Vient rendre hommage à ses appas.

(*Alors un grand Ballet ; ils apportent la coupe du
Roi & la présentent à Alcmène ; Alcmène fait
briser leurs chaînes, ils dansent, on chante.*)

MERCURE.

Jupiter dans le Ciel même,
Près de l'augufte Junon,
Envieroit le bien fuprême
Du mortel Amphitrion.
Une époufe belle & fage
Doit obtenir des Autels.
Pour le bonheur des Mortels
Elle eft un trop beau partage.
Une époufe belle & fage
Doit obtenir des Autels.

Jupiter, &c.

(*On danfe.*)

Mais déja le Ciel fe colore,
La nuit réfifte envain à l'éclat de l'aurore.

ALCMENE.

Amphitrion!

JUPITER.

Mon Alcmène! ah! de grace
Ne retardez pas
Mes pas.

ALCMENE.

Mon cœur va voler fur ta trace.
Avant deux jours ton époux reviendra.

BROMIA.

Adieu, traître !

MERCURE.

Adieu, Bromia !

(*La Danse reprend pour sortir.*)

Fin du premier Acte.

ACTE SECOND.

SCENE PREMIERE.

Le Théâtre repréſente une Place publique de la Ville de Thèbes, un Temple ſur un des côtés, d'Architecture Grecque; on y monte par des Marches qui paroiſſent ſervir de baſe aux colonnes du Portique.

Sur le haut du Perron paroiſſent des Prêtres; des Trompettes appellent le Peuple, qui accourt de tous les côtés de la Ville, hommes & femmes.

LE GRAND - PRÊTRE, LE PEUPLE.

LE GRAND-PRÊTRE.

Peuples Thébains, prêtez l'oreille
Aux vérités que je vais révéler;
Le Meſſager des Dieux m'annonce une merveille:
Écoutez, par ma voix le Deſtin va parler.

A Thèbes, une femme fidelle,
Sera la mère d'un Héros
Qui, fils de Jupiter, par d'immenses travaux,
Doit s'acquérir une gloire immortelle.

ENSEMBLE.

<table>
<tr><td>

LES THEBAINS.

Du sein d'une Epouse fidelle,
  Il doit naître un Héros !
  Qui, fils de Jupiter,
Doit s'acquérir une gloire immor-
    telle !
  Qui, fils de Jupiter ?
    (*Aux Femmes.*)
Votre cœur ne sera jamais
A vos époux infidèle.

Votre cœur ne sera jamais.
A vos époux infidèle.

</td><td>

LES THEBAINES
    Fidelle !
   Il doit naître
    Un Héros ?
Fils de Jupiter, & fidèle !
    Et fidèle !
Et sa mère seroit fidelle !
   (*A leurs Maris.*)
Soyez en paix, vivez en paix,
Notre cœur ne sera jamais
A nos époux infidèle.
    (*A part.*)
O Jupiter, toute mortelle
Doit se soumettre à tes décrets
   (*A leurs Maris.*)
Notre cœur ne sera jamais
A nos époux infidèle.

</td></tr>
</table>

(*Alcmène, sa Suite & le Peuple entrent dans le Temple*)

SCENE

SCENE II.

Les Personnages précédens, ALCMENE.

*Alcmene arrive précédée d'un grand cortège, de
ses Esclaves, de ses Femmes ; l'une d'elles porte
la coupe du Roi Ptérelas.*

ALCMENE, *aux Prêtres.*

JE viens présenter aux Autels
Ce prix de la valeur, ce don de la victoire ;
   C'est au Père des Immortels
Qu'Amphitrion consacre un rayon de sa gloire.

*(Le Cortége monte les marches du Temple, les
Prêtres reçoivent la coupe ; le Peuple suit ; les
portes du Temple se ferment)*

SCENE III.

AMPHITRION, SOSIE.

AMPHITRION.

QUOI ! malheureux ! tu veux me faire croire
   A ton propos impertinent.

D

Ah ! peu s'en faut , pour prix de cette indigne
     histoire ,
Que je n'écrase un esclave insolent.

SOSIE.

Battez-moi, tuez-moi, vous le pouvez, mon maître,
Mais non pas empêcher que cela n'ait été ;
    Je vous dis bien la vérité ,
Et ne peux autrement vous la faire connoître.

AMPHITRION.

O Ciel !

SOSIE.

    Me dire deux lorsque je ne suis qu'un
      Doit paroître une extravagance ;
      Cela n'a pas le sens commun ,
      C'est hors de toute vraisemblance ;
Mais il n'est pas moins vrai.

AMPHITRION.

                Comment , tu t'es battu ?

SOSIE.

Oui, je me suis battu.

AMPHITRION.

      Un autre Toi.

SOSIE.

              Un autre Moi.

AMPHITRION.

Un Sosie étoit là venu ?

SOSIE.

Un Sosie étoit là venu.

AMPHITRION.

Avant qu'en mon Palais tu fusses parvenu.

SOSIE.

Bien avant que chez nous je fusse parvenu.

AMPHITRION.

Ivrogne ! c'est le vin.

SOSIE.

Moi ! non, je n'ai point bu.

ENSEMBLE.

AMPHITRION.	SOSIE.
Vas-t'en, & sors de ma présence,	Le Ciel connoit mon innocence.
Tremble que dans ma violence....	A vos genoux, Seigneur, vous
Tremble que je n'écrase un esclave	me voyez tremblant.
insolent.	
Fuis ma présence.	
Eloigne-toi, sors, esclave insolent.	
Vas t'en, & sors de ma présence,	
Et crains que dans ma violence...	
Non, non, reviens, écoute....	
Hé bien, viens tu ?	
Alors qu'a dit Alcmène ?	

D ij

SOSIE.

Alcmène! en conscience,
Et par Jupiter ai-je pu
Approcher du logis tant ce Moi m'a battu?

AMPHITRION.

Il faut que j'aie un fonds de patience
Qui m'étonne moi-même, & jamais ma vertu
Ne s'imposa plus de prudence.
Mais, allons, & suis-moi; je ferai dans ce jour
Que de mentir il te souvienne.

SCENE IV.

AMPHITRION, SOSIE, ALCMÈNE, BROMIA.

AMPHITRION.

MAIS que vois-je! Ciel! c'est Alcmène!
Ah! mon Alcmène!

ALCMÉNE.

Ah! vous! quoi déja de retour?

AMPHITRION.

Déjà!

ALCMENE.

Déjà?

SOSIE et *BROMIA.*
Déjà !

ALCMENE.

Le Ciel me favorise.

AMPHITRION.

Quoi ! déjà, dites-vous ?

ALCMENE.

Pourquoi cette surprise ?
Ce matin vous disiez que seulement demain...

AMPHITRION.

Ce matin, dites-vous.

ALCMENE.

Ce matin, oui, sans doute,
Vous-même, disiez que demain,
Votre retour seroit certain.

AMPHITRION.

Mon Alcmène, je vous écoute,
Sans pouvoir deviner quel est votre dessein,
Hier, ici, je vous ai vue ?

ALCMENE.

Hier, & je bénis le ciel
De cette arrivée imprévue
Qui m'amenoit le seul Mortel
Dont mon ame pût être émue.

A M P H I T R I O N.

Hier je suis venu ? mais y pensez-vous bien ?

A L C M E N E.

Oui, sans doute, j'y pense bien,
Même j'en jure, & du fond de mon ame...

A M P H I T R I O N.

Vous osez en jurer, Madame ;
Un serment ne vous coûte rien.
Hier je suis venu ?

A L C M E N E.

Sans doute.

A M P H I T R I O N.

     Quelle audace !

A L C M E N E.

Ne dois-je pas dire la vérité ?
Interrogée, il faut que je vous satisfasse.

A M P H I T R I O N.

Non, jamais mon esprit ne fut tant agité.
Mais réprimons ma trop juste colère,
Et reprenons l'empire de mes sens.
Alcmène, écoutez-moi, repondez sans mystère,
Détaillez-moi bien tout, parlez, je vous entends.

A L C M E N E.

Oui, vous vîntes hier : hélas ! sans vous attendre,

Malgré l'obſcurité, j'ai reconnu vos pas ;
Je vous vois (c'eſt ici,) je cours, & ſans m'entendre
        Vous m'avez priſe dans vos bras,
Et dans notre palais, empreſſés à nous rendre,
    Aſſiſe près de vous.

AMPHITRION.

            Hé-bien, hé-bien,

ALCMENE.

Que l'entretien, que l'entretien fut tendre !
        De nos Eſclaves délivrés,
Vous me prîtes la main (devois-je m'en défendre ?)
        Et nous nous ſommes retirés.

AMPHITRION.

Enſemble ?

ALCMENE.

Enſemble.

AMPHITRION.

        Enſemble ! ah ! grand dieux ! quel outrage !
Pouvez-vous me tenir ce perfide langage.

ALCMENE.

    Que dites-vous ? quel eſt l'outrage ?
Sofie & Bromia, l'un l'autre ſont témoins,
Et de votre arrivée, & de vos tendres ſoins.
        Parlez, n'étiez-vous pas témoins ?

BROMIA.

    Oui, Madame.

SOSIE.

Moi ! non,

ENSEMBLE.

BROMIA.	SOSIE.
Comment donc, traître, tu le nies?	Eh oui, ce font des calomnies;
Quoi ! tu peux	Oui, je veux
Démentir nos yeux?	Démentir tes yeux.
ALCMENE.	**AMPHITRION.**
Cher époux !	Laiffez-moi; que mon trouble eft
	affreux !
BROMIA.	**SOSIE.**
Quoi ! tu n'étois pas là, Sofie?	Eh oui, fans doute, je le nie,
Tu n'en fais rien, tu n'en fais rien?	Je fais bien que je n'en fais rien;
Dieux ! quelle impudence !	Tu diras ce que tu voudras,
Quelle impertinence !	Mille fois tu le foutiendras,
Quelle extravagance !	Ce n'eft pas moi, ce n'eft pas moi.
Oh! le plus grand des fcélérats !	
ALCMENE.	**AMPHITRION.**
Traître, tu nous démentiras?	Cruel moment! que faire hélas !

ALCMENE.

Puniffez donc cet infolent Efclave.

AMPHITRION.

Il ne l'eft point ; c'eft vous, dont le propos me brave.

ALCMENE.

Amphitrion, fi vous n'étiez venu,

De qui faurois-je la victoire,

Et la mort de ce Roi que vous avez vaincu?

AMPHITRION.

Vous la favez ?... Je ne puis croire

Sofie?   *SOSIE.*

SOSIE.

Hé bien?

AMPHITRION.

Ah! traître, tu l'as dit.

SOSIE.

Moi, Seigneur; non.

ALCMENE.

A moi, vous l'avez dit vous-même,
Et du combat par vous j'ai su tout le récit:
Mais faut-il une preuve & claire & sans emblême?
De qui pourrois-je avoir reçu
La coupe d'or de Ptérélas vaincu?
Cette coupe admirable, où l'on voit Cithérée...
Et de plus ces Captifs que vous m'avez offerts.

AMPHITRION.

Où sont-ils?

ALCMENE.

J'ai brisé leurs fers.

AMPHITRION.

Et cette coupe d'or?

ALCMENE.

Ma main l'a consacrée
A Jupiter, & vous allez la voir.

E

AMPHITRION.

Non, non, vous ne pouvez l'avoir ;

Car cette coupe d'or qui vous a tant charmée,

Grace au Ciel eſt en mon pouvoir.

Cours chercher la caſſette où je l'ai renfermée ;

Et de m'en impoſer vour perdrez tout eſpoir.

(*ALCMENE rentre dans le Temple pour chercher*

la coupe, & Soſie court chercher la caſſette.)

SCENE V.

AMPHITRION.

Non, jamais la noirceur d'un complot déteſtable

N'imagina de tels forfaits,

Quel menſonge abominable,

Quoi ma femme & mon valet,

Ont tramé ce vil projet !

Mais quel ſentiment me preſſe,

De douter ſi ſa tendreſſe....

Mon cœur auroit la foibleſſe !

Jamais, non jamais,

D'une femme ſi hardie,

Excuſer la perfidie !

Je ſouffrirois ces forfaits ;

Jamais, non jamais.

O ciel, pourroit-on le croire.

Je viens, j'accours en vainqueur,

A l'amour je joins la gloire,

Loin qu'il ajoute au bonheur

Que me promet la victoire,

C'est le comble du malheur ;

Mon retour fait mon malheur.

SCENE VI.

AMPHITRION, ALCMÈNE, un Prêtre *portant la coupe*, **SOSIE** *arrive d'un autre côté apportant un coffre,* et **BROMIA.**

ALCMENE.

AMPHITRION, douterez-vous encor ?
Reconnoissez ce vase d'or
Que vous m'avez donné vous-même.

AMPHITRION, prenant & examinant le vase.
Ciel que vois-je ! grand Dieux ! ma surprise est ex-
extrême !
Mais voyons le cachet.

SOSIE *montrant le coffre ouvert.*
Seigneur.

AMPHITRION.

Pourquoi brisé ?
Pourquoi ?

SOSIE.

C'est moi.

AMPHITRION.

Qui ? toi ?

SOSIE.

Dans mon impatience ;
Imprudemment.

AMPHITRION.

Quel degré d'insolence !
Tu brises ce cachet par moi-même posé.

SOSIE.

Pour leur prouver plutôt qu'ils en ont imposé,
Pour apporter la coupe & non pas la cassette.

AMPHITRION.

Je vois enfin le but d'une intrigue secrette,
Et du piège indigne où l'on veut m'engager :
La trahison est trop visible.
Si je retiens l'ardeur de me venger,
C'est pour la rendre plus terrible.
Pour vous, ô Ministres des Dieux !
Vous n'avez pas trempé dans ce complot affreux :

Mais vous, femme ingénue autant que respectable,
Quels que soient mon amour , vos traits , votre
      beauté ,
Je dois punir dans Alcmène coupable ,
Ou l'indécence , ou l'infidélité.
Les chefs de notre armée, Alcidas & Pirrhène,
   Vous le diront perfide Alcmène ,
   Si j'ai pu me rendre en ces lieux.

ALCMENE.

Pour moi, que ce jour est affreux !

ENSEMBLE.

ALCMENE.	AMPHITRION.
Tu croirois que mon cœur coupable	Oui, je crois que ton cœur coupable
D'un mensonge seroit capable ?	Est de ce mensonge capable.
Amphitrion,	Oui, oui, perfide Alcmène ;
Ah , cher époux! non, non.	Bientôt Alcidas & Pirrhène
O Ciel ! que faire ; où puis-je avoir	Confondront tes affreux discours.
recours !	Brisons , brisons les nœuds de
Ah , pour moi quelle destinée.	l'himenée.

     (*Ils sortent chacun de leur côté.*)

(*Bromia va pour suivre Alcmène, & Sosie pour
suivre Amphitrion. Leurs Maîtres leur font signe
de ne pas les suivre.*)

SCENE VII.

BROMIA, SOSIE.

SOSIE, *à part.*

COMMENT pourra cesser un pareil trouble?

BROMIA, *à part.*

Amphitrion a tort, il cause l'embarras ;
Mais ce méchant qui nie, & dit qu'il ne sait pas.

SOSIE, *à part.*

Alcmène a tort, dans tout cet embarras ;
Mais, de même que moi, si mon maître étoit double !

BROMIA, *à part.*

Voyez si vers sa femme il portera ses pas.

SOSIE, *à part.*

Interrogeons, doutons... non, non, ne doutons pas.

BROMIA, *à part.*

Il ne me dira rien le traître.

SOSIE, *à part.*

Doutons... non je veux tout connoître
Par ses propos je serai convaincu,
Si mon double fripon ne m'aura que battu.

BROMIA, *à part.*

Maisil s'approche, ce me semb

SOSIE.

Ah ! Bromia , qui l'eût dit ?
Quand j'y songe , moi , je tremble
Qu'avec toi quelque dépit
Ne nous mette un jour mal ensemble.

BROMIA.

Ah ! mal ensemble !

SOSIE.

Pour moi, quand j'arrivai , je te traitai , sans doute ,
Avec tous les transports d'une tendre amitié.

BROMIA.

Tu ne t'en souviens pas ?

SOSIE.

   Non , dis-moi ; je redoute
D'avoir peu ménagé ma fidelle moitié.

BROMIA.

Tu ne t'en souviens pas ?

SOSIE.

   Non.

BROMIA.

   Je ne peux le croire.

SOSIE.

Hélas ! tu peux me croire ,
Dans le combat , un coup que j'ai reçu

A juſtement frappé ſur ma mémoire,
Et depuis cet inſtan , de tout ce que j'ai ſu;
Je ne peux bonnement me rappeller l'hiſtoire.

B R O M I A.

Vraiment ?

S O S I E.

Oui.

B R O M I A.

Bon ! tu ſais.

S O S I E.

Que je le ſache encor.

B R O M I A.

Ah! le traître (*à part.*) D'abord !

S O S I E.

Hébien, d'abord ?

B R O M I A.

D'abord

En bon époux tu m'as fait cent carreſſes.

S O S I E.

Moi ?

B R O M I A.

Toi.

S O S I E.

Maudit Sofie ! :.. Hé! bien ? enſuite enfin ?

BROMIA.

BROMIA.

Toujours sans repos & sans fin ;
Tu m'as rendu tendresses pour tendresses.

SOSIE, à part

Ah ! quelles paroles traîtresses !
Que ne puis-je douter de mon cruel destin !

BROMIA.

Ensuite ton départ...

SOSIE.

Quand ?

BROMIA.

Hé mais ce matin.

SOSIE.

Le scélérat ! Hé bien ? après ?

BROMIA.

Après, infâme !
Tu demandes comment tu sus traiter ta femme ?
Quoi ! tu ne rougis pas des procédés affreux
Que pour moi cette nuit tu fis voir dans ces lieux ?

SOSIE.

Quels procédés ! dis, dis.... Ah ! tant mieux.

BROMIA.

Quoi ! tant mieux.

SOSIE.

Oui, tant mieux.

F

BROMIA.

Et tu veux pour combler cet amas d'infamies,
Que je fasse un récit de tant de perfidies.

SOSIE.

Raconte-moi bien tout, & que j'en sois certain.

BROMIA.

Me repousser avec dédain.

SOSIE, *à part.*

Bien ! bien, bien.

BROMIA.

M'injurier & détourner la tête,
Lorsque de t'embrasser je me fais une fête,
Et sans me regarder me repousser la main.

SOSIE.

Quoi ! j'ai fait tout cela? je ne m'en souviens guère;
Mais enfin, qu'ai-je dit étant seul avec toi?

BROMIA.

Seul avec moi ! jamais, en dépit de ta foi,
Aimer mieux en plein air passer la nuit entière,
Que de la passer près de moi.

SOSIE

Vive Sosie!

BROMIA.

Ah ! je veux suivre

Le conseil que tu m'as donné,
Je veux le suivre, & je veux vivre
Comme tu me l'as ordonné.

SOSIE.

Hé, que t'ai-je donc ordonné?
Quel conseil!

BROMIA.

Oui, j'aurai la gloire
D'avoir un amant, même deux;
Tu me l'as conseillé, je veux avoir la gloire
D'avoir autour de moi trois ou quatre amoureux.

SOSIE.

Ne me crois pas.

BROMIA.

Je veux te croire.
Trois ou quatre amans sur mes pas.

SOSIE.

Je badinois, ne me crois pas.

BROMIA.

Et qui rendront à mes appas
Un hommage bien méritoire.

SOSIE.

Ne me crois pas.

BROMIA.

Je veux te croire.

AMPHITRION,

L'avis est bon, je veux te croire.

S O S I E.

Il est mauvais.

B R O M I A.

Je veux te croire.

S O S I E.

Ne me crois pas, ne me crois pas.

SCENE VIII.

LES PRÊTRES.

*LES PEUPLES accourent pour danser & célé-
brer la victoire.*

LES PRÊTRES.

Ces trésors sont pour les Cieux,
Offrez-les, offrez-les aux Dieux.

LE CHŒUR.

Offrons-les aux Dieux.

*Une marche. On fait porter dans le temple les
dépouilles des peuples vaincus, leurs richesses
& les Dieux de Thélèbes.
Les prisonniers, leurs femmes & leurs enfans
suivent.*

LE GRAND PRÊTRE.

Peuples, rassemblés dans ces lieux
Les danses, les plaisirs, les concerts & les jeux;
Du grand Amphitrion célébrons tous la gloire,
Et présentez aux Dieux
Les trésors précieux
Que doit nous donner la victoire.

On danse.

SCENE IX.

AMPHITRION, *le Peuple Thébain, & des dé-*
putés du Peuple.

LE *CHŒUR.*

Amphitrion chéri des Dieux,
De Thebes en ce jour fait la gloire,
Que son nom soit illustre, & monte jusqu'aux cieux,
Chantons, chantons cette victoire.

(*On danse*).

AMPHITRION à part.

Malheureux que je suis, malheureux! quelle gloire!
Puis-je jouir du prix de la victoire?

On veut lui poser sur la tête une Couronne
de lauriers, il la repousse.

Arrêtez, suspendez vos chants,
Laissez-moi me livrer à des soins plus pressans.

(*Il reste un peu sur la Scene, ses mouvemens sont*
ceux d'un homme furieux, il sort.)

SCENE X.

Une Scene de caquets. Différens GROUPES.

UN THÉBAIN.

Pourquoi, pourquoi cette fureur?

UN TROISIEME THÉBAIN.

Auroit-il perdu la victoire ?

UN QUATRIEME THÉBAIN.

Savez-vous pourquoi sa fureur?

PLUSIEURS THÉBAINS.

On dit... je sais... de qui ? c'est une horreur...
Quoi donc ?... je ne sais trop si la chose est certaine.
Hé bien dites, après,

(*Une femme d'un ton de mystère à un Groupe qui
s'approche.*)

CETTE FEMME.

On dit que près d'Alcmène,
Il a trouvé certain Thébain.

PLUSIEURS THÉBAINS.

Qui ? quoi ?... quand ? on dit que ce Thébain.

(*Lorsque l'autre Groupe reprend, celui-ci a l'air
de racheter à l'oreille la confidence.*)

L'AUTRE GROUPE.

Son Valet a volé ce qu'en une caslette
Il avoit mis.

UN AUTRE.

Si le fait est certain,
Il faut que ce Valet subisse son destin.

LES FEMMES.

Tant mieux, sa femme insolente & coquette
De son orgueil sera punie enfin ;
Oui , son mari frappé de son destin ,
Va nous venger de son cruel dédain.

LES HOMMES.

Le secret est en bonne main,
Il doit frémir de son destin.

(*Aux Femmes.*)

Paix donc , quelle rage indiscrette !
Le fait n'est pas encor certain.

Fin du second Acte.

ACTE

ACTE III.

*Le Théatre repréfente une des ailes du palais
d'Amphitrion.*

*On voit defcendre des Efclaves chargés de
coffres très-riches.*

SCENE PREMIERE.
ALCMENE.

O Déeffe confervatrice
De la chafteté de mes nœuds !
O Junon ! ô ma protectrice !
Tu vois mon état malheureux.
Lieux témoins de mon innocence,
Ah ! je vous quitte pour toujours,

G

Pour toujours.
Vous le favez fi dans leurs cours
Jamais de pudiques amours
Ont mérité plus de conftance.

LES FEMMES SUIVANTES.

Alcmène, confolez-vous,
Les Dieux vengent l'innocence,
Il doit vous être bien doux
De ne pas mériter l'offenfe
Que vous a faite votre époux.

ALCMENE.

Ingrat eft-ce la récompenfe,
D'avoir comblé tous tes defirs?
Tu me jurois... ah! quand j'y penfe,
Que de tranfports! que de plaifirs!
Tu me jurois,... & tu le nies.
D'injurieufes calomnies
Accufent l'ardeur de mes feux.
Je t'aimois tant... je te détefte...
Ciel le voici! moment funefte!

(*Elle apperçoit Jupiter Amphitrionifé.*)

(*A fes efclaves.*)

Suivez mespas, quittons ce lieu,
Ah! je lui dis un éternel adieu.

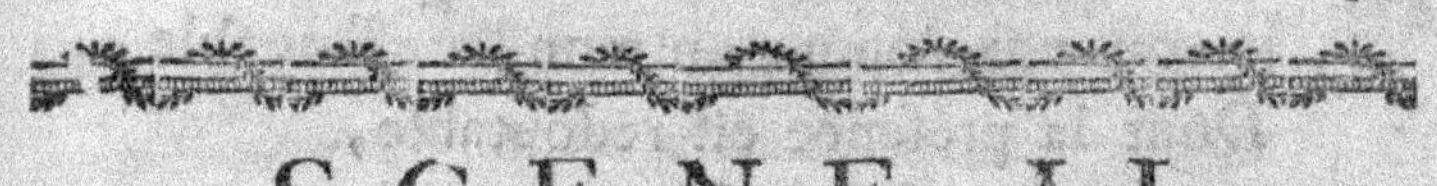

SCENE II.

JUPITER, ALCMENE. *Les* SUIVANTES *d'abord,*
ensuite elles se retirent.

JUPITER.

Que faites-vous, esclaves indiscrets?
Epargnez-vous une inutile peine;
 Reportez vîte en mon palais
 La dot & les trésors d'Alcmène.
 Mon Alcmène pourquoi me fuir!

ALCMENE.

Je fuis mon ennemi.

JUPITER.

Moi !

ALCMENE.

   Vous, oui, vous perfide.
Et c'est encor vous obéir.

JUPITER.

Alcmène écoutez-moi, que la raison vous guide,
 Où voulez-vous porter vos pas?

ALCMENE.

Ah, laissez-moi, cruel, & ne m'approchez pas;

Oui, je vous vois comme un monstre effroyable,
Dont la préfence eft redoutable,
Comme un monftre à fuir en tous lieux.

JUPITER.

Cette action fans doute eft un crime odieux,
Je ne prétends pas la défendre,
Haïffez, déteftez l'époux;
Mais moi, mais l'amant le plus tendre;
Ah, que l'amant appaife ce courroux.

ALCMENE.

Je ne diftingue rien dans celui qui m'offenfe,
Et l'amant & l'époux méritent ma vengeance,
La haine eft pour jamais empreinte dans mon cœur;
Je vous abhorre.

JUPITER.

O ciel! cent bleffures mortelles
Me cauferoient moins de douleur,
Que des plaintes auffi cruelles;
Ah! s'il n'eft point de pardon dans ton cœur,
Je dois prévenir ta rigueur,
Je dois immoler un coupable;
Ce fer, par un coup favorable,
Va percer, à tes propres yeux,
Le cœur, le cœur d'un miférable.

ALCMENE.

Que vas-tu faire malheureux?

JUPITER.

Quoi, tu veux que je vive?

ALCMENE.

Hélas!

LES FEMMES (à part.)

Sort favorable!

DUO.

Pendant la ritournelle, la suite d'Alcmène s'approche au mouvement que Jupiter a fait pour se frapper.

JUPITER.	ALCMENE.
Vois ton amant à tes genoux,	
Il ne peut supporter ta haine ;	Ah, je sens calmer mon courroux ;
Mon Alcmène plus de courroux ;	Il cede à mon amour extrême ;
Ah, pourrois - tu briser une si douce chaîne ?	Ah, cruel ! mais trop cher époux.
	Non, mon époux ne peut être parjure ;
Je te jure :	
Ah, tu le scais si mon cœur est parjure !	
Que, mon serment te rassure ;	Non, je ne puis aimer que toi,
Je ne peux aimer que toi,	Je te rends ma main & ma foi.
Et pour jamais je suis à toi ;	
Ah, rends-moi ta main & ta foi,	
Que pour Amphitrion cruel, & non propice,	Non, n'acheve pas ; ah, plutôt qu'il jouisse
Jupiter pour toujours le sépare de toi,	De ses bontés ainsi que moi.
Si....	

JUPITER. | **ALCMENE.**

Non , jamais , jamais Alcmène
Ne doit quitter Amphitrion ;
Jamais une semblable peine
Ne doit troubler notre union.
   Mon Alcmène ,
Jamais une semblable peine
N'allarmera ta vertu.
   Me pardonne tu ?
Des amans soyons le modele,
Quel bonheur ! quel sort plus
   doux ;
J'ai su fléchir ton courroux.

Non , jamais , jamais Alcmène
Ne veut quitter Amphitrion ;
Jamais une semblable peine
Ne troublera notre union.

   Me le promets tu ;
   Me le promets tu ?

Des Epoux soyons le modele.
Dieux ! quel bonheur, quel sort
   plus doux ;
Je retrouve un tendre Epoux.

SCENE III.

JUPITER , *après avoir conduit Alcmene , revient trouver Sosie qui a vu la fin de la réconciliation.*

SOSIE.

LA paix je vois est mutuelle.

JUPITER.

Alcmène est sage autant que belle ,
De l'amour est né le pardon ;
Vas t'en, vas t'en vîte Sosie ,
Invite de ma part le brave Antomédon,
Nausicrate & Dymas ; dis-leur que je les prie

De venir partager les plaisirs d'un repas.

S O S I E.

Je vais, soyez-en sûr, précipiter mes pas.

(*Il sort.*)

J U P I T E R.

Dans son courroux, Dieux! qu'elle avoit d'appas!
Mercure accours, & de cette maison,
Eloigne Amphitrion & l'esclave Sosie.

S C E N E   I V.

M E R C U R E.

OBÉISSONS encor à cette fantaisie,
   Que d'emplois divers
   Fatiguent mes aîles,
   Les cieux, les enfers,
   Mon pere, & ses belles,
   Que d'emplois divers
   Fatiguent mes aîles!
   Tantôt chez Pluton,
   Tantôt dans Cythère,
   Tantôt sur la terre,
   Ou chez Apollon,
   Est-il aventure

Conduite sans moi?
Mercure, Mercure
A bien de l'emploi.
Mais, j'apperçois venir Amphitrion qui gronde,
Par passe-temps il faut que je seconde
Le noir chagrin qui l'amène en ces lieux,
Si je m'amuse ici de sa douleur profonde,
Un mortel, quel qu'il soit, n'est-il pas trop heureux
De servir aux plaisirs des Dieux.

SCENE V.

MERCURE, *ensuite* AMPHITRION.

MERCURE.

A Vénus disoit Junon
Dans les Bosquets de Cythère,
Quelquefois dites-vous non
Au charmant Dieu de la Guerre.
Hé! non, non, grande Junon,
Dans les bosquets de Cythère
Nous ne disons jamais non.

SCENE

SCENE VI.

MERCURE, AMPHITRION.

MERCURE, chantant.

A Vénus diſoit Junon.

AMPHITRION.

C'eſt Soſie.

MERCURE.

A Vénus diſoit un jour Junon.
Dans les boſquets de Cythère.

AMPHITRION.

Soſie.

MERCURE.

Hé ! non, non dans Cythère.

AMPHITRION.

Veux-tu parler, Soſie.

MERCURE.

        Hé! qui va là ?

AMPHITRION.

           Mais, moi.

MERCURE.

Toi.

         H

AMPHITRION.

Moi.

MERCURE.

Qui, toi ? dans les bosquets de Cythère...

AMPHITRION.

Veux-tu bien m'écouter, coquin, veux-tu te taire ?

MERCURE.

Hé bien, que me veux-tu ? qui donc es-tu ?

AMPHITRION.

Moi.

MERCURE.

Toi !

AMPHITRION.

Amphitrion.

MERCURE.

Amphitrion !

AMPHITRION.

Amphitrion.

MERCURE.

Amphitrion !

Non, non.

Amphitrion est près d'Alcmène.

AMPHITRION.

Près d'Alcmène, dis-tu ?

MERCURE.

Sans doute, près d'Alcmène.

AMPHITRION.

Veux tu m'ouvrir, coquin?

MERCURE.

Veux-tu que je t'apprenne
A passer ton chemin, & sans d'autre raison.

AMPHITRION.

Ne dis-tu pas qu'Alcmène est près d'Amphitrion?

MERCURE.

Sans doute,

AMPHITRION.

Ouvre.

MERCURE.

Non, non ; vast'en, ou ce bâton.

AMPHITRION.

Ce bâton? quoi! contre ton maître?
Que n'en ai-je un, maraud, pour te faire connoître.

MERCURE.

Tiens, le voilà.

AMPHITRION.

Ahi! ahi! ah! scélérat.

MERCURE.

Moi, scélérat ! je vais faire venir mon maître,

Et tu vas éprouver sa force & comme il bat.

AMPHITRION.

Qu'il vienne.

MERCURE.

Il va venir ; tu vas le voir paroître.

SCENE VII.

AMPHITRION.

AH ! qu'il paroisse ! ô Ciel ! suis-je dans mon
bon sens ?
Rêvai-je ; & n'est-ce point un songe ?
Une femme ! un valet ! l'audace & le mensonge,
Et quelqu'un avec elle ! & mes cris impuissans. . . .
O sort ! à ma peine mortelle
Ce moment dût-il ajouter,
Fais (s'il est vrai qu'elle soit infidelle)
Que je n'en puisse pas douter.

SCENE VIII.

AMPHITRION , SOSIE , ANTOMÉDON , NAUSICRATE et DYMAS.

AMPHITRION.

AH ! te voilà donc traître, ah ! voilà ce bâton.

SOSIE.

Quoi donc ? quoi donc ?

AMPHITRION.

Tiens voilà pour Vénus, & voilà pour Junon,
Et pour les bosquets de Cythère.

SOSIE.

Ah ! Ciel ! ah ! Dieux ! pardon, pardon.

ANTOMDÉON.

Que dit-il donc de Vénus , de Junon,
Et des bosquets de Cythère ?

NAUSICRATE.

Il a perdu la raison.

SOSIE.

Mon maître, entendez la raison.

NAUSICRATE.

Le malheureux ! qu'a-t-il pu faire !

AMPHITRION.

Ah! voilà pour Vénus, & voilà pour Junon,
Et pour les bosquets de Cythère.

ANTOMÉDON.

Amphitrion, Amphitrion,
Vous avez perdu la raison.

NAUSICRATE.

Ce malheureux, qu'a-t-il pu faire?

AMPHITRION.

Ce qu'il a fait?

SOSIE.

J'ai fait votre commission,
Et je n'ai rien dit à Junon
Dans les bosquets de Cythère.

NAUSICRATE.

Il nous prie à dîner de votre part.

AMPHITRION.

Non, non.

LES CHEFS.

Non?

AMPHITRION.

Non, je te ferai périr sous ce bâton.

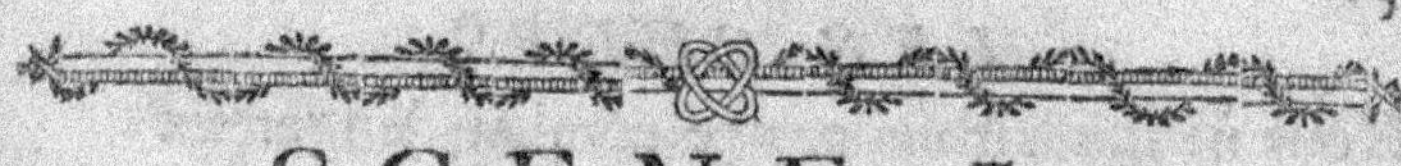

SCENE IX.

Les mêmes, JUPITER.

JUPITER.

ICI, qui peut avoir l'audace
D'injurier mon valet !

ANTOMÉDON.

Ciel, que vois-je !

NAUSICRATE.

Est-ce lui ?

DYMAS.

Quel surprenant objet !

AMPHITRION.

Ciel ! que vois-je ! grands Dieux ! quel surprenant
objet !

SOSIE.

Voici mon maître, & de sa grace,
Il vient défendre son valet ;
L'autre est un fourbe, & c'est un fait.

LES CHEFS.

Est-il quelqu'un que cela n'embarrasse.

AMPHITRION, *la main sur son épée.*

Défends-toi, traître, à l'instant dans ces lieux,
Je vais punir ton insolence extrême.

LES CHEFS.

Nous ne souffrirons pas ce combat dangereux
D'Amphitrion contre lui-même.

AMPHITRION.

Oui, je veux à vos propres yeux...

LES CHEFS.

Arrêtez, suspendez ce combat dangereux.

AMPHITRION.

O ciel ! Dans ma fureur... Grands Dieux !

JUPITER.

Les mots que dicte la colère
Eclaircissent mal une affaire.
Amis, je vous ai fait prier
Pour venir au festin qu'Alcmène nous prépare ;
Entrez, & vous après ; sur un fait si bizarre
Je saurai vous instruire & tout justifier.
Entrons.

SCENE X.

AMPHITRION, SOSIE.

AMPHITRION.

Traitres amis, je vais en chercher d'autres,
Que l'attrait d'un repas ne fera pas changer ;

Et quels que soient son projet ou les vôtres,
De ce fourbe & de vous je saurai me venger.

SCENE XI.
SOSIE, MERCURE.
SOSIE.

Qu'il doit-être piqué d'être mis à la porte
A l'instant même du repas.
Que je vais bien manger , & qu'à vuider les plats
Mon estomac puissamment m'exhorte !

MERCURE.

Où vas-tu ?

SOSIE.

Moi, dîner.

MERCURE.

Retourne sur tes pas.
Si seulement tu fais la mine
De vouloir approcher , & d'entrer dans ce lieu,
Par cent coups de ma main, appliqués sur l'échine
Je saurai modérer le feu
De l'appétit qui te domine.
Adieu.

SOSIE.

Frère Sosie , un mot , un mot, un mot.

I

MERCURE.

Que veux-tu dire maître fot ?

SOSIE.

Permets-moi que je fois ton ombre,
Et que j'entre en cette maifon.

MERCURE.

Non.

SOSIE.

Non ! & que Sofie.

MERCURE.

Encor tu prends mon nom ?

SOSIE.

Non, non, je te laiffe mon nom ;
Mais fais que dans cette maifon,
(Quelqu'un de plus ne fait pas nombre,)
Permets-moi que je fois ton ombre.

MERCURE.

Non.

SOSIE.

Je ferai fi foumis ;

MERCURE.

Non.

SOSIE.

Si doux.

MERCURE.

Non.

SOSIE.

Si bon.

MERCURE.

Non, vîte quitte ce lieu,
Ou je vais t'aſſommer, Adieu.

SOSIE.

Quel triſte Adieu ?

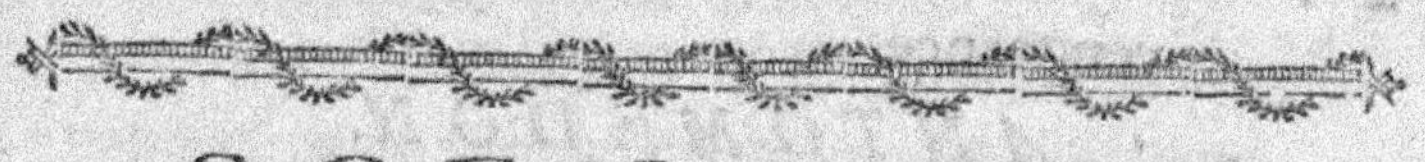

SCENE XII.

*Le Théâtre change, & repréſente l'intérieur du
Palais d'Amphitrion.*

*Jupiter eſt vu à table à côté d'Alcmène, & avec
les Chefs de l'Armée.*

(On danſe.)

LE CHŒUR.

Que la paix & l'amour ambelliſſent vos nœuds;
Pour vous rendre heureux
Que les faveurs des Dieux
Rempliſſent vos vœux.

SCENE DERNIERE.

AMPHITRION, LES CITOYENS, JUPITER ET
LES CHEFS, ANTOMÉDON, NAUSICRATE,
DYMAS.

LES CITOYENS.

Nous venons le venger , nous demandons
vengeance.

ANTOMÉDON.

Arrêtez cette violence :
Suspendez cette violence ;
Modérez votre courroux.
Amphitrion lui-même devant vous ;
Va manifester sa puissance.

Alors les éclairs & un grand coup de tonnerre.

MERCURE.

Connoissez Jupiter ? Thébains, prosternez-vous.

*Jupiter paroît dans sa gloire ; les Thébains se
prosternent , excepté Amphitrion.*

JUPITER.

Les Destins ont marqué la naissance d'Alcide,
Alcmène dans son chaste sein

A cru, d'Amphitrion accomplir le Deffin.
En tout la fageffe la guide,
Hé ! qui peut réfifter aux décrets du Deftin.

MERCURE.

Quel honneur pour une Thébaine ;
Il faut que l'époux de Junon,
Il faut que Jupiter, pour être aimé d'Alcmène,
Prenne les traits d'Amphitrion.

*Le Grand-Prêtre reprend tout le couplet ; le Chœur,
& fur-tout les Prêtres.*

Quel honneur pour une Thébaine !

*Enfuite grande Danfe ; on célebre la victoire
d'Amphitrion & les bontés de Jupiter.*

FIN.

APPROBATION.

J'AI lu par ordre de Monfeigneur le Garde-des-Sceaux,
l'Opéra D'*AMPHITRION*, & je n'y ai rien trouvé qui
m'ait paru devoir en empêcher l'impreffion. A Paris,
ce 11 Juillet 1788.

BOYER.